AF396570

L'Election Présidentielle de la Plata et la Guerre du Paraguay

Revue des Deux Mondes 15 août 1868

L'ÉLECTION PRÉSIDENTIELLE

DE LA PLATA

ET LA GUERRE DU PARAGUAY

C'est avec un profond sentiment de tristesse que tout homme intéressé de cœur à la prospérité des républiques hispano-américaines regarde maintenant vers les contrées de la Plata. Ces pays, évidemment destinés à remplir un jour dans le continent du sud un rôle analogue à celui des États-Unis dans le continent du nord, ne présentent point encore le spectacle de bonheur et de liberté qu'on serait en droit d'attendre d'eux : en dépit des grands progrès de leur commerce, de leur industrie, de leur richesse, les populations platéennes ne sont point sorties de la barbarie guerrière. Montevideo, la première ville où débarque l'Européen, et peut-être celle qui s'accroît et s'embellit le plus rapidement, est souvent ensanglantée de hideux massacres, et ses campagnes sont périodiquement ravagées par des bandits prétendant appartenir à tel ou à tel parti politique. Il est vrai que dans la cité de Buenos-Ayres la paix civile n'est point troublée ; mais en revanche la plupart des provinces sont dans un état continuel de trouble et de luttes intestines, et les Indiens en profitent pour dévaster les plantations jusqu'au chemin de fer central de la république, entre Rosario et Cordova. Le peuple qui dans sa constitution s'est ambitieusement proposé de « travailler au bonheur du genre humain » vit lui-même dans la terreur constante des révolutions et des batailles. Enfin, sur les frontières du Paraguay, une guerre terrible sévit depuis plus de trois ans, et du milieu des camps peuplés de soldats faméliques et malpropres, du fond des marécages remplis de cadavres putréfiés, le choléra s'élance pour aller décimer sur les deux rives du Parana la population d'un pays qui passe pour être le plus salubre du monde entier.

Bien nombreuses, hélas! sont les causes de ces déplorables événemens. Les traditions coloniales qui ont transmis à Buenos-Ayres le rôle de métropole autrefois réservé à Madrid, les ambitions des généraux, les rivalités personnelles, l'ignorance profonde des populations, les mœurs sauvages de la guerre civile, toutes ces choses ont contribué à maintenir le désordre politique dans les contrées platéennes; mais, on le sait, les dangers de la situation actuelle proviennent en grande partie de l'ingérence du Brésil dans les affaires des républiques ses voisines. Qu'un terme soit mis à cette intervention, et certainement une période de progrès et de tranquillité relative commencera pour les régions de la Plata. Déjà par deux fois les hommes d'état qui gouvernent l'empire sud-américain ont refusé la médiation que leur offrait le cabinet de Washington; mais ne seront-ils pas trop heureux de l'accepter, si les Argentins dénoncent l'alliance faite avec le Brésil et ferment à la flotte impériale les passes du Parana? C'est à ce point de vue que l'élection d'un nouveau président de la république argentine peut avoir une grande importance, car le pays est las de la politique suivie par le général Mitre, et, que le nouvel élu se laisse diriger par l'amour de la popularité ou par le sentiment de la justice, il ferait bien de consacrer tous ses efforts à terminer l'affreuse tuerie qui ensanglante les bords du Paraguay (1).

I.

Les rêves de gloire que le général Mitre a pu faire au commencement de sa présidence de six années ne se sont point réalisés; ils ont même été cruellement trompés, surtout dans la dernière période de sa longue administration. Revêtu du titre pompeux de général en chef des armées alliées, disposant des ressources militaires de trois nations, non-seulement le président n'a point accompli en trois années l'œuvre de conquête qu'il affirmait présomptueusement devoir achever en trois mois, mais il n'a même pu attacher son nom à aucune des victoires partielles que les alliés disent, à tort ou à raison, avoir remportées. A Riachuelo, c'est un Brésilien, le baron de Amazonas, qui commandait la flotte; à l'Uruguayana, c'est dom Pedro qui a ravi à M. Mitre l'honneur de faire d'un coup six mille prisonniers paraguayens; à Tuyucué, à Tayi, c'est au marquis de Caxias que revient le mérite des opérations militaires; au passage des navires cuirassés devant la forteresse d'Humayta, c'est encore un Brésilien, le capitaine Delphim de Carvalho,

(1) Voyez, dans la *Revue*, les livraisons du 15 octobre 1866 et du 15 décembre 1867.

qui a recueilli la gloire de la journée. Parmi les événemens de la guerre, il en est un seul que le président de la Plata puisse revendiquer comme étant le résultat de sa haute stratégie, c'est le terrible échec de Curupayti, qui coûta au moins 5,000 hommes à l'armée des alliés. Et pourtant telle est la puissance de la vanité, tel est l'amour des titres sonores, que M. Mitre, même en descendant du fauteuil présidentiel, hésite à donner sa démission de généralissime. Redevenu simple citoyen sans mandat, il n'en voudrait pas moins garder un droit nominal de commandement sur la plus puissante armée qui se trouve actuellement réunie en un point quelconque du Nouveau-Monde. Son ministre, interpellé à cet égard dans le congrès argentin, s'est borné à répondre que sur cette question d'étiquette, pourtant si misérable, des négociations se poursuivent avec le cabinet de Saint-Christophe.

Ce n'est pas tout : comme si les six années de son administration avaient été une période glorieuse pour la république, le président Mitre n'a pas voulu consentir à céder le pouvoir « sans phrases, » et du campement de Tuyucué, d'où il ne pouvait, à son grand dépit, envoyer un bulletin de victoire, il a du moins lancé son « testament politique. » Ce testament, rempli de formules banales au sujet du respect dû aux lois et à la constitution, est d'ailleurs fort peu constitutionnel, car ce n'est autre chose qu'un manifeste électoral en faveur des candidats agréables au Brésil, et moins que tout autre le président de la république aurait dû se permettre pareille intervention. Les agens brésiliens désiraient surtout voir nommer le Dr Rufino de Elizalde, ministre des affaires étrangères dans le cabinet du général Mitre, financier fort habile, allié par mariage aux principales familles de Rio-de-Janeiro, et l'homme qui avait eu la plus grande part dans la rédaction du fameux traité de triple alliance contre le Paraguay. M. Mitre ne dédaigna pas de seconder dans cette besogne les efforts de ses amis les diplomates impériaux. Après s'être adressé à la nation, il se retourna vers le général Urquiza, le candidat le plus hostile à la politique brésilienne, et le supplia de se désister de la lutte électorale. Dans sa lettre, document verbeux dépourvu de toute idée précise, le président s'adresse à la vanité de son rival; il lui parle de la gloire acquise sur le champ de bataille de Caseros et lui cite le grand exemple de Washington, se retirant de la vie publique afin que son influence ne devînt pas un danger pour les libertés nationales. Toutefois le général Urquiza, qui par sa fortune immense, son faste, son avidité, ses habitudes de despotisme militaire, est loin de rappeler le modeste et simple vieillard de Mount-Vernon, ne crut point devoir obtempérer aux conseils de M. Mitre. Au contraire il lui répondit en proposant nettement sa candidature aux suffrages des électeurs

argentins; peut-être cependant n'était-il pas de force à lutter d'in-
trigues contre le président actuel, homme très habile dans ce genre
de stratégie.

La combinaison qu'avaient proposée certains « politiciens » de
Buenos-Ayres était fort ingénieuse, et peut-être était-ce la seule qui
dans les circonstances présentes aurait pu éviter la guerre civile à
la république. Toutefois il est probable qu'elle n'était pas sérieuse,
et n'avait été imaginée que pour endormir la vigilance du vieil Urquiza et le ruiner d'autant plus facilement par-dessous main. Cette
combinaison était de désigner le général Urquiza pour la présidence comme le représentant des états de l'intérieur et de si-
gnaler aux votes pour la vice-présidence le Dr Adolfo Alsina, fils
du président du sénat, gouverneur de Buenos-Ayres, et l'un des
hommes les plus populaires du parti des *crudos* ou crus, c'est-à-dire
des localistes purs. De cette manière, les deux fractions hostiles de
la république, ayant chacune leur part dans le gouvernement, se
seraient peut-être réconciliées pour un temps, et de graves dissen-
sions intestines auraient pu être épargnées. Cet expédient n'eût, il
est vrai, résolu aucune des questions litigieuses entre Buenos-
Ayres et les états du Parana, des pampas et des Andes; mais dans
un pays où les relations entre les partis extrêmes ne sont point
fixées par la justice et n'ont été jamais établies que par les hasards
de la guerre et des compromis, c'est déjà beaucoup que de gagner
des mois ou des années de répit. En effet, la crise de l'élection présidentielle est beaucoup plus redoutable dans la république argentine
que dans toute autre contrée de l'Amérique du Sud, car sur les bords
de la Plata ce ne sont pas seulement des ambitions rivales qui se
trouvent en présence; deux politiques hostiles, deux systèmes abso-
lument contraires l'un à l'autre sont en lutte, et toute nomination
risque d'être considérée comme une déclaration de guerre par une
partie de la population. Que la majorité des voix nomme un candidat favorable à l'hégémonie de Buenos-Ayres et au maintien de ses
priviléges, et les fédéralistes des provinces de l'intérieur, lésés dans
tous leurs intérêts commerciaux et politiques, ne manqueront pas
de protester contre le résultat du scrutin. Que les suffrages les plus
nombreux se portent au contraire sur un partisan de l'autonomie
des provinces, et sans nul doute la ville de Buenos-Ayres répondra
par une déclaration d'indépendance locale. Aux petites guerres et
aux révolutions partielles succédera peut-être une lutte plus géné-
rale, à moins que les deux moitiés de la nation n'aient la sagesse
de se séparer à l'amiable. Dans son discours d'inauguration de
l'assemblée législative de Buenos-Ayres, le gouverneur Alsina pro-
nonçait les paroles suivantes, d'autant plus graves que l'orateur
briguait les suffrages du peuple comme candidat à la vice-prési-

dence : « La situation est des plus critiques, et tout nous présage des jours de tempête. Quant à moi, chargé par la constitution de garantir l'ordre public et le régime des institutions locales, je ferai tout ce qui est dans la mesure de mes forces pour remplir cette mission... Si la république brûle, que du moins Buenos-Ayres se sauve de l'incendie, qu'elle conserve l'autonomie dont elle jouit actuellement, et, bien préparée pour résister aux mauvais élémens qui cherchent à l'entraîner, elle pourra devenir encore une fois l'arche de salut pour la nationalité argentine ! »

Les élections au second degré, qui ont eu lieu le 12 juin, ne paraissent point avoir donné la majorité au général Urquiza; l'élu de la nation a été probablement M. Domingo Sarmiento, ancien gouverneur de San-Juan, ambassadeur de la république aux États-Unis et ministre de l'intérieur à Buenos-Ayres; quant au vice-président nouveau, la majorité semble avoir désigné le Dr Alsina, qu'on avait à la fois porté sur les deux listes pour se rendre favorable le parti localiste de Buenos-Ayres. Dans la capitale même, 24 suffrages, sur les 28 que possède la province, ont été exprimés en faveur de M. Sarmiento, et 25 ont été donnés à M. Alsina pour la vice-présidence. Les électeurs de Cordova, de Mendoza, de San-Juan, ont également fait choix de M. Sarmiento, tandis qu'Entre-Rios et Santa-Fé ont voté pour le général Urquiza. La province de Corrientes aurait certainement ajouté ses 12 votes à ceux d'Entre-Rios; mais précisément quelques jours avant les élections une émeute, dirigée par des amis du général Mitre et des plus opportunes pour sa politique, éclata dans la ville de Corrientes, le gouvernement fut suspendu, et les opérations du vote furent déclarées impossibles à cause de l'état de guerre. A la date du 28 juin, on savait à Buenos-Ayres que 65 votes, plus des deux tiers des suffrages connus, s'étaient prononcés en faveur de M. Sarmiento : son élection semblait donc assurée, et le succès du Dr Alsina paraissait également très probable, autant du moins que l'on peut en juger avant que le congrès, juge souverain, ait constaté la validité du vote. Au moment où le bateau à vapeur qui a porté ces nouvelles en Europe quittait les eaux de Montevideo, on ignorait encore quel avait été le candidat préféré par les provinces du nord-ouest; mais on se répétait partout que le vieil Urquiza s'était mis à la tête de ses *gauchos* de l'Entre-Rios, décidé à ne pas accepter le résultat d'un vote défavorable et à comprimer la révolution suscitée contre lui dans le Corrientes. Il est fort douteux néanmoins que l'ancien *caudillo* ose tenter la fortune des armes et revendiquer la présidence en conquérant : il aime la paix, qui procure à son commerce de si riches bénéfices, et ne cherchera point à la troubler. Pourtant il est facile de comprendre que, s'il reste isolé dans l'Entre-Rios, privé, par les machinations de son ennemi le général Mitre, de l'appui de la Bande-Orientale à l'est et de celui du Corrientes au nord, il finira par être cerné, et tombera tôt ou tard, lui et son immense fortune, dans les mains de quelque heureux conspirateur. Peut-être n'a-t-il pas vu ce danger, peut-être aussi n'ose-t-il pas le prévenir en déchaînant la guerre civile, plus redoutable encore. Quoi qu'il en soit, les bruits de révolution qui couraient sur la place de Buenos-Ayres donnent une idée de l'état de l'opinion publique : chacun s'attend à la guerre, tant cette triste solution des difficultés pendantes semble naturelle sur les bords de la Plata.

On le voit, la mission confiée par le peuple à M. Sarmiento n'est point facile, et, sans faire tort à ce personnage, on peut se demander si l'ascendant moral dont il jouit suffira pour maintenir la paix entre tous les élémens hostiles. En dépit de son orgueil bien connu, orgueil « qui ne tiendrait pas dans l'immensité des pampas, » le président élu n'est point un homme ordinaire, et son intelligence est des plus ouvertes. Dans ses visites en Europe, il ne s'est point borné, comme la plupart de ses compatriotes, à courir les salons, à prendre part aux bals et aux banquets diplomatiques, à se promener dans les villes de bains et de loisir; au contraire, citoyen d'une république, il avait choisi pour amis des républicains, afin d'étudier avec eux les problèmes politiques et sociaux, il suivait les discussions des orateurs, les cours des savans, et travaillait sérieusement à son instruction (1). Aux États-Unis, où il a résidé longtemps, il vivait dans la familiarité de plusieurs hommes éminens recherchant surtout la société de la Nouvelle-Angleterre, qui s'occupe tant de l'instruction du peuple, et souvent il déclarait que lui aussi emploierait dans son pays toute son activité et son influence politique pour augmenter le nombre des écoles et y développer les études; il a même écrit sur ce sujet un ouvrage intitulé : *les Écoles considérées comme base de la prospérité de la république des États-Unis.* Il est à désirer qu'il tienne sa promesse. Dans la ville même de Buenos-Ayres, l'arrivée d'un grand nombre d'étrangers intelligens a eu pour conséquence de donner à l'instruction publique une très vive impulsion; mais dans les provinces de l'intérieur et même dans celle de San-Juan, dont M. Sarmiento a été gouverneur, les populations sont encore dans la plus déplorable ignorance. On en peut juger par ce fait que pendant l'année 1867 les recettes totales de la poste pour une vaste province de la région des Andes se sont élevées à la somme dérisoire de 1,210 francs, et cependant cette province, dit un journal de Buenos-Ayres, se vante d'avoir assez de généraux et de colonels

(1) Voir, dans la *Revue* du 15 novembre 1846, l'article que M. de Mazade a consacré à un livre de M. Sarmiento intitulé *Civilizacion i Barbarie.*

pour commander une armée aussi grande que celles de la Prusse ou de la France.

Que M. Sarmiento donne en effet de grands soins aux développemens de l'instruction publique, rien de mieux, et l'on ne saurait trop l'encourager dans cette œuvre. Toutefois c'est après de longues années seulement que l'influence des écoles se fait sentir sur la marche des affaires politiques, et, sous peine des plus graves complications, les questions actuellement en suspens doivent être résolues sans retard. Comment réconcilier les « crus » et les « cuits, » les unitaires et les fédéraux? Comment satisfaire à la fois Buenos-Ayres et les provinces, décider entre les prétentions rivales de la capitale actuelle, qui veut à toute force garder son titre, et de Rosario, que les états de l'intérieur désignent comme le siége futur du gouvernement? Comment, après trois longues années de guerre, conclure la paix avec le Paraguay sans avoir eu la satisfaction de remporter un triomphe militaire et de s'emparer d'un lambeau de territoire? Comment surtout se dégager de la puissante étreinte du Brésil, rouvrir les fleuves aux navires de commerce, les fermer aux escadres de guerre, et rétablir l'indépendance de la république, si fortement compromise par la vanité du général-Mitre? M. Sarmiento est-il bien l'homme qui pourra résoudre ces graves problèmes, lui le fils de la pampa, qui, après avoir été pendant la première partie de sa carrière politique le défenseur du droit des provinces, est devenu le champion du parti localiste de Buenos-Ayres, et a tout fait pour asservir à la capitale le reste de la nation? Saura-t-il se défendre de l'ambition guerrière si commune parmi les hommes de l'Amérique méridionale, lui qui met tant de prix à son titre de colonel et qui a écrit avec tant de solennité l'histoire de ses hauts faits militaires contre l'armée de Rosas dans un livre intitulé : *Campaña del teniente colonel Sarmiento en el ejercito grande?* Malheureusement il est à craindre que M. Sarmiento veuille, lui aussi, jouir du titre de général en chef et donner une preuve de ses talens stratégiques, soit contre le Paraguay, soit contre les provinces de l'intérieur.

Déjà tous les républicains de la Plata qui ont à cœur la prospérité de leur pays considèrent comme un désastre national l'alliance militaire conclue avec le Brésil, et le jour où ce traité sera dénoncé sera pour eux l'un des plus beaux de l'histoire nationale. Les électeurs présidentiels se sont faits les interprètes de ce sentiment d'aversion contre la politique de l'empire quand ils ont refusé de donner leurs votes à M. Elizalde, le candidat agréable au cabinet de Saint-Christophe et à son allié le général Mitre. En revanche, le docteur Alsina, qu'ils ont probablement élu pour vice-président de la république, s'était franchement présenté aux suffrages des électeurs comme adversaire du Brésil, et ceux-ci se sont associés à sa pensée en faisant sortir son nom de l'urne électorale. « La guerre contre le Paraguay, s'était-il écrié devant l'assemblée législative de Buenos-Ayres, devient de plus en plus barbare, et ne peut finir que par l'extermination de l'un des belligérans; c'est une guerre atroce, où plus de la moitié des combattans ont déjà succombé, une guerre funeste à laquelle nous sommes enchaînés par un traité non moins funeste, dont les clauses sont calculées pour que la lutte se prolonge jusqu'à ce que la république tombe épuisée et sans vie... Le moment est venu pour les pouvoirs publics de décider si l'honneur de la nation n'est pas suffisamment lavé par le sang répandu de 100,000 combattans ! » Lors de l'inauguration d'un hôtel des invalides, le même orateur déplorait hautement que la construction d'un pareil édifice eût été nécessaire, il souhaitait que le jour vînt bientôt où, grâce à la paix entre les frères platéens, on pourrait le transformer en école. Les articles secrets du traité d'alliance ont été l'objet des plus vives interpellations dans le sein du congrès, et l'état de siége, qui avait duré trois ans dans toute l'étendue de la république, a été sinon aboli, du moins singulièrement mitigé; on parlait même de mettre le président Mitre en accusation et de le faire déposer par le sénat. Ainsi que l'on peut en juger par leurs constitutions, presque toutes calquées sur celle des États-Unis, eu dépit de la grande différence du génie national, les Hispano-Américains et surtout les habitans de la Plata aiment à prendre pour modèle la puissante république du continent septentrional. En apprenant que la chambre des représentans avait cité le président Johnson devant la barre du sénat de Washington, nombre de députés argentins se sont promis d'en faire autant à l'égard de l'usurpateur Mitre, qui n'avait pas craint de substituer sa volonté à celle du peuple pour déclarer une guerre inique de conquête et de spoliation; mais, il faut le dire, la nouvelle de l'acquittement de M. Johnson a refroidi leur zèle, et maintenant on semble décidé à laisser M. Mitre en paix jusqu'au 12 octobre, qui est le dernier jour de son mandat présidentiel.

Quoi qu'il en soit, ce n'est pas sans peine que les Argentins réussiront à se dégager du réseau de mailles dans lequel les avait enveloppés la politique brésilienne. Par la durée même des opérations militaires, la guerre menace de devenir une sorte d'institution, une maladie chronique, et l'on s'est habitué aux péripéties des combats comme aux changemens des saisons; d'ailleurs tous les marchands, fournisseurs ou entrepositaires qui approvisionnent l'armée et qui vivent de ce trafic ont intérêt à voir la lutte se prolonger, et par leurs vociférations ils réussissent à former dans toute assemblée une petite opinion factice. Ce n'est pas tout : très habile dans la diplomatie, grâce à l'esprit de suite que lui donne une politique traditionnelle, le Brésil a réussi non-seulement à faire de Buenos-Ayres son humble satellite dans sa lutte contre le Paraguay, il a même pu entreprendre l'œuvre hardie de modifier la législation de toute la république argentine et de s'inféoder ainsi la société même. Pareil triomphe vaudrait certes mieux pour lui que la construction de forteresses et le maintien de garnisons brésiliennes sur le sol platéen; mais il eût été imprudent de procéder avec franchise. Il importait de rester indifférent en apparence, et de se faire remplacer dans cette machination par des Argentins naïfs ou complices. Ces Argentins se sont présentés. Le général Mitre a prêté son concours, le docteur Velez Sarsfield a donné son érudition, et maintenant les corps publics se trouvent saisis d'un projet de code civil commun à toutes les parties de la république argentine.

Ce n'est point que les lois manquent dans le pays ou qu'elles soient considérées comme mauvaises, non; mais les états de la Plata, reliés les uns aux autres comme ceux de la république anglo-américaine et comme les cantons de la Suisse par un simple lien fédéral, ont chacun leur système propre de lois civiles, et ce sont ces lois particulières et locales qu'on veut remplacer par un code centralisateur comme celui du Brésil ou de la France impériale. Bien plus, on aurait l'intention de les remplacer par des lois en grande partie copiées sur celles du code révisé que prépare le gouvernement de Rio-de-Janeiro, de sorte que d'avance les deux nations seraient destinées à subir la même jurisprudence. Les lois édictées par un empire où règne l'esclavage, où le territoire est entre les mains de grands propriétaires, où la femme est maintenue par les mœurs dans une sorte de réclusion, seraient aussi les lois convenables à une république égalitaire, où tous les hommes sont citoyens, où les terres, colonisées par les immigrans, se morcellent rapidement et passent de main en main, où la femme jouit de la plus grande liberté! Parmi les articles du nouveau projet de code, il en est plusieurs qui pourraient être adoptés sans inconvénient par les populations de la république argentine et qui conviendraient à leur état social; mais que dire d'un ensemble de lois où manque précisément cette garantie essentielle qui assuré aux colons étrangers et aux non-catholiques le droit de fonder une famille respectée? Les prêtres, c'est-à-dire les représentans de la cour de Rome, gardent le registre des naissances et des morts, et toute union qui n'est pas consacrée par eux reste qualifiée de concubinage. Ceux des états argentins qui reconnaissent déjà le mariage civil, comme Santa-Fé, consentiront-ils à reprendre les anciennes traditions coloniales contre ces immigrans étrangers qui leur apportent la richesse et la prospérité? Les villes de l'intérieur, déjà si jalouses de l'hégémonie de Buenos-Ayres, voudront-elles céder à la pression de Rio-de-Janéiro? Alors que les constitutions d'origine nationale sont elles-mêmes si peu respectées, est-il possible d'admettre que ce code d'importation brésilienne puisse être sérieusement adopté (1)?

II.

Il est heureux pour l'indépendance future des états platéens que le succès des armes brésiliennes n'ait point égalé l'habileté des diplomates, et que le petit Paraguay tienne si bravement tête au grand empire sud-américain. La forteresse d'Humayta, que le traité du 1er mai 1865 déclarait devoir être rasée, est encore parfaitement intacte, et par-delà ce boulevard qui garde l'entrée du Paraguay se trouvent d'autres lignes de défense qui ne seront pas moins bien défendues que la première, si l'ennemi vient s'y hasarder un jour. Les quelques avantages obtenus par la puissante flotte cuirassée et par les armées du Brésil suffisent pour flatter la vanité des chefs; mais l'œuvre de la conquête n'en est guère plus avancée.

Dès le commencement de novembre 1867, les Brésiliens, grâce à l'énorme supériorité du nombre, avaient réussi à reployer leurs lignes au nord d'Humayta. Appuyés au sud sur le fleuve Parana, où se trouve leur port d'Itapirù, ils développent la rangée de leur camp en une demi-circonférence de 40 kilomètres environ jusqu'aux bords du Paraguay, que domine le fort de Tayi, commandant au loin de ses canons les eaux de la rivière. En s'emparant de cette importante position en amont d'Humayta, le marquis de Caxias avait coupé les communications directes de la place avec l'Assomption et le reste de la république par la rive gauche du Paraguay : la garnison d'Humayta ne pouvait plus être ravitaillée que par les chemins tracés sur la rive droite à travers les solitudes du Chaco. C'était là un grand succès pour les assiégeans; mais avant qu'ils pussent songer à l'investissement complet de la place, il leur fallait d'abord recouvrer à tout prix l'usage de la flotte cuirassée, qui depuis six mois était retenue prisonnière entre les batteries de Curupaity et celles d'Humayta. L'époque de l'année était des plus favorables pour tenter l'entreprise. Les eaux du fleuve, gonflées par les pluies estivales, s'étaient élevées à une hauteur inaccoutumée, la puissante chaîne qui ferme le passage se trouvait submergée à plus de 5 mètres au-dessous de la surface, et les marins des navires cuirassés pouvaient espérer de remonter ainsi sans

<hr>

(1) Le projet de MM. Mitre et Velez Sarsfield a été savamment critiqué par M. Alberdi dans une récente brochure intitulée *El Proyecto de Código civil para la República Argentina y las Conquistas sociales del Brasil.*

obstacle le cours du Paraguay. Le baron de Inhauma résolut de
saisir cette occasion, unique dans l'année, et donna l'ordre au commandant Delphim de franchir la passe avec sa division composée
de sept navires cuirassés, frégates et monitors. Toutefois les impériaux se gardèrent bien de passer en plein jour dans le terrible
méandre d'Humayta, sous le feu des 200 canons servis par les ar-
tilleurs paraguayens : ils préférèrent la nuit, une nuit brumeuse et
sans étoiles.

Le 19 février 1868, à trois heures et demie du matin, toute la
flotte, vaisseaux blindés et navires en bois, ouvrait le feu contre la
place, tandis qu'une canonnade terrible partait des batteries avan-
cées qui entouraient Humayta en un vaste demi-cercle, Tuyuti,
Tuyucué, San-Solano. En même temps l'escadrille de passage, sous
la direction du pilote basque Etchebarne, doublait la pointe occupée
par la première redoute paraguayenne, et, voilée par le brouillard,
s'engageait dans la redoutable courbe en luttant contre le courant
du fleuve. Les défenseurs d'Humayta entendent le ronflement de la
vapeur, le sourd gémissement des machines, le bruissement de
l'eau; mais ils ne peuvent que tirer au hasard sur ces formes indé-
cises qui se confondent avec la brume. Cependant, lorsque les navires sont arrivés devant la batterie de Londres, à l'endroit où le
lit du fleuve se retourne brusquement vers le nord et où la grande
chaîne de fer est tendue entre les deux rives, l'escadre retarde sa
marche et la plupart des boulets lancés par les canons d'Humayta
viennent frapper en pleines cuirasses. Le *Tamandaré,* qui a reçu
plus de cent boulets dans sa coque, ne peut plus avancer, sa ma-
chine ne fonctionne plus, et la grande masse désemparée redescend
avec le courant le long des batteries qui bordent le rivage sur une
distance de près de 2 kilomètres; deux autres navires, également
mis hors de service, ne peuvent non plus franchir la chaîne. Seulement les deux vaisseaux cuirassés le *Bahia* et le *Barroso,* traî-
nant à la remorque les monitors *Alagoas* et *Rio-Grande,* réussissent à s'engager dans le redoutable coude, puis à dépasser les der-
nières batteries situées à l'embouchure de l'Arroyo-Hondo. Ensuite
ils glissent non moins heureusement sous le feu de la citadelle de
Timbo ou *Nuevo Establecimiento,* située sur la rive droite du Paraguay, et bientôt ils arrivent en vue du pavillon brésilien qui flotte
sur les remparts de Tayi. Pendant ce temps, un combat terrible
s'était engagé à l'angle oriental extrême de la forteresse entre les
meilleures troupes du marquis de Caxias et une partie de la garnison d'Humayta. Après avoir laissé plus de 2,000 morts dans les
fossés et sur les remparts, les Brésiliens parvinrent à s'emparer de
ce point; mais, incapables de s'y maintenir, ils l'évacuèrent dès la
nuit suivante.

Accouru à Tayi pour féliciter les marins de la flotte et le commandant Delphim, qui devait être récompensé plus tard de son exploit par le titre de baron da Passagem (du Passage), le marquis de Caxias donna l'ordre aux deux vaisseaux cuirassés le *Bahia* et le *Barroso* de remonter le cours du fleuve pour en reconnaître les fortifications. Le commandant Delphim remplit sa mission avec toute la prudence convenable, et pendant les quatre jours entiers que dura son voyage de 200 kilomètres il ne négligea aucune des précautions nécessaires en passant à côté des villages et des fortins de la rive; mais ils étaient tous abandonnés, du moins en apparence : à peine quelques vedettes se montraient-elles çà et là. Les villes jadis prospères de Pilar, Villafranca, Oliva, Angostura, Villeta, Lambaré, étaient vides et silencieuses comme si quelque enchantement en eût fait disparaître soudain la population. Enfin, le 24 février, les deux vaisseaux cuirassés doublent la pointe de l'Itapita, et se trouvent en vue de l'Assomption, dans laquelle ils jettent quelques bombes. Que se passa-t-il alors? D'après le rapport officiel du commandant paraguayen, deux ou trois coups de canon lancés par la batterie dite de Marte suffirent pour décider les navires à la retraite. Les Brésiliens affirment au contraire que la ville se trouvait à leur merci et qu'il leur eût été facile de s'en emparer. Quelle que soit la valeur de cette assertion, assez difficile à croire, il est certain que le débarquement ne fut point tenté. Effrayés peut-être de ne pas voir un seul groupe, à l'exception des compagnies de soldats, de ne pas entendre un seul cri dans une ville qui la semaine précédente n'avait pas moins de 50,000 habitans, ils se hâtèrent de redescendre le fleuve, que les Paraguayens n'avaient point encore fermé derrière eux. Deux jours avant l'arrivée des Brésiliens à l'Assomption, un décret du maréchal Lopez avait déclaré la cité ville de guerre et convié tous les habitans civils à quitter la place pour se rendre dans les localités voisines. Chose remarquable et qui donne une preuve de la singulière unanimité des sentimens patriotiques chez ces honnêtes Hispano-Guaranis, les deux jours suffirent pour l'évacuation. Dans les villages et les hameaux des environs, chaque maison s'était ouverte pour recevoir une ou plusieurs familles de réfugiés, chaque homme valide de la campagne avait offert ses bras pour aider au déménagement; toutes les charrettes et les voitures avaient été mises en réquisition pour hâter le transport des objets précieux. La plupart des émigrans se dirigèrent vers la petite ville de Luque, située à 16 kilomètres à l'est de l'Assomption, sur le chemin de fer de Villa-Rica, et désignée par Lopez comme le siége du gouvernement. Pendant ce temps, l'ancienne capitale recevait des troupes chargées d'agrandir et d'armer les forts, de creuser les fossés, en un mot de transformer la ville en un autre Humayta.

La nouvelle des événemens qui s'étaient accomplis sur les bords
du Paraguay fut reçue à Rio-de-Janeiro et dans les autres villes brésiliennes avec une sorte de délire. On annonçait comme certaine
toute une série de victoires improbables. Non-seulement le passage
était forcé, mais Curupaity, Humayta, Timbo, s'étaient rendus, la
capitale était occupée par les alliés, le maréchal Lopez, suivi de
quelques séides, s'était jeté précipitamment dans les solitudes du
Chaco, cherchant à gagner le territoire de la Bolivie et poursuivi
par les Indiens sauvages. La guerre était décidément finie; la paix
et le commerce allaient refleurir, la politique brésilienne recueil-
lait le fruit de ses patiens efforts, et reprenait une prépondérance
incontestable dans le bassin de la Plata; l'Assomption, Montevideo,
Buenos-Ayres, devenaient de simples préfectures de l'immense empire. Telles étaient les douces illusions que la lassitude de la guerre
faisait naître dans l'esprit des Brésiliens, et pendant ce temps-là
le président Lopez prenait ses mesures pour transformer l'exploit
de leur flotte cuirassée en un triomphe inutile. Profitant de ce que
les routes du Chaco étaient restées libres, il retirait la plus grande
partie de la garnison d'Humayta, fortifiait le poste de Timbo pour
assurer ses communications par la rive droite, et construisait un
camp retranché au nord de la rivière Tebicuari, cours d'eau paral-
lèle au Parana, et bordé comme lui de marécages et de lagunes
qui en rendent le passage très difficile à une armée. En outre il faisait travailler avec la plus grande activité à la prolongation du chemin de fer qui se dirige de l'Assomption vers l'intérieur du Paraguay, et, deux mois après l'apparition de l'ennemi devant la
capitale, les locomotives parcouraient déjà les 140 kilomètres qui
séparent l'Assomption de Villa-Rica, chef-lieu du district central de
la république.

Tandis que les Paraguayens étaient ainsi occupés à changer leur
ligne de base, à prendre de nouvelles dispositions stratégiques, à
transformer la citadelle d'Humayta en un simple avant-poste des
fortifications du Tebicuari, ils ne restaient pas inactifs pour l'attaque, et même ils risquaient un assaut d'une hardiesse sans pareille
contre une partie de la flotte brésilienne restée en aval de la
chaîne, entre Humayta et Curupaity. Contre ces monstres de fer, le
maréchal Lopez n'avait pas même des vaisseaux de bois, car la
flottille du Paraguay se compose seulement de petits vapeurs nécessaires au transport des troupes et des approvisionnemens entre
le Tebicuari, l'Assomption et les forts conquis dans le Matto-Grosso;
mais à défaut de navires il pouvait compter sur des hommes vraiment sans rivaux pour le courage et pour le mépris de la mort, qui
ne craignent pas d'attaquer sur des troncs d'arbres des frégates
cuirassées. Vers minuit, quelques centaines de volontaires, ramant

en silence, entourent soudain les deux navires brésiliens le *Lima Barros* et le *Cabral*, qui se trouvent à l'ancre près de l'embouchure du rio de Oro; l'équipage de l'un d'eux, qui cherche à se défendre, est massacré avec son commandant, le lieutenant Costa. La frégate est prise, malheureusement elle n'est pas sous vapeur, et pendant que les assaillans s'occupent de chauffer les chaudières, le *Herval*, le *Silvado*, le *Mariz e Barros* et d'autres navires se pressent autour d'eux; on fusille les Paraguayens à bout portant, et, pour éviter d'être tués jusqu'au dernier, ils sont obligés de se jeter dans le fleuve et de nager vers Humayta au milieu d'une grêle de balles plongeantes.

Certes on ne saurait s'étonner qu'en face de pareils hommes les chefs de l'armée brésilienne procèdent avec la plus grande prudence dans chacune de leurs opérations militaires; mais on se demande pourquoi cette prudence est devenue de l'inaction à une période critique de la guerre où chaque opportunité devrait être saisie avec tant d'empressement. Après avoir obtenu cet immense succès de franchir sans désastre la passe d'Humayta, le plus simple bon sens commandait aux Brésiliens de serrer de très près la forteresse pour observer et déjouer les mouvemens de l'ennemi. Au contraire ils laissèrent au maréchal Lopez tout le temps dont celui-ci avait besoin pour prendre ses nouvelles dispositions. On dirait vraiment que l'accusation si souvent formulée contre un grand nombre d'officiers impériaux est fondée, et qu'en effet ils cherchent à prolonger la guerre jusqu'à ce qu'ils soient devenus riches aux dépens de la nation, épuisée de ressources. Un long mois s'écoula sans que le marquis de Caxias essayât d'utiliser par une attaque sur Humayta l'impression qu'avait dû produire le passage de l'escadre sur les défenseurs de la place. Le 21 mars seulement, les vaisseaux cuirassés commencèrent le bombardement des ouvrages paraguayens qui bordent le fleuve, tandis que l'armée tout entière s'avançait vers les batteries qui faisaient face aux camps de Tuyucué et de San-Solano. Malheureusement le général brésilien avait mal pris ses mesures, et ce qu'il avait cru ne devoir être qu'une simple promenade militaire se changea en une bataille sanglante. Les troupes franchirent les fossés, passèrent à travers les estacades et les chevaux de frise, gagnèrent les remparts de Paso-Pucu; mais là elles furent reçues à bout portant par la garnison revenue d'Humayta pour défendre des ouvrages déjà évacués depuis quelques jours. Le combat fut l'un des plus acharnés et des plus sanglans de toute la guerre; les Brésiliens renouvelèrent leurs assauts pendant plusieurs heures, les réserves mêmes furent appelées, mais en vain; des monceaux de cadavres remplirent les fossés des redoutes attaquées : d'après les bulletins paraguayens, l'échec de Paso-Pucu aurait été pour les assiégeans un autre désastre de Curupaity. Quoi qu'il en soit, le marquis de Caxias attendit que les ouvrages extérieurs d'Humayta fussent complétement abandonnés avant d'y pénétrer lui-même. Installés dans ce quartier-général de Paso-Pucu, d'où Lopez les avait si longtemps tenus en échec, les chefs alliés se contentent d'observer de loin les murailles du « Sébastopol » américain. Des marécages, des lagunes difficiles à franchir, les en séparent; ils ne pourraient en tenter l'accès que par des isthmes étroits où les colonnes d'assaut seraient complétement détruites par les boulets; enfin le creusement des tranchées d'approche est presque impossible dans ce sol détrempé. Bombardemens et sommations sont également inutiles pour obtenir du colonel Alen la reddition de la place; avant que les 40,000 Brésiliens puissent y pénétrer, il faut d'abord qu'ils en affament la petite garnison, composée, dit-on, d'environ 3,000 hommes. D'ailleurs il ne serait pas étonnant que des fournisseurs génois, argentins ou brésiliens de l'armée d'invasion se chargent eux-mêmes d'approvisionner les assiégés, car, si l'on en croit la rumeur publique, c'est par l'entremise d'officiers alliés — en train de devenir millionnaires — que les Paraguayens reçoivent déjà presque toutes leurs munitions. Les magasins d'Itapirù et de Curupaity servent d'entrepôt aux troupes de Lopez aussi bien qu'à celles du marquis de Caxias.

Après l'évacuation de Curupaity et de Paso-Pucu par les forces paraguayennes, un autre mois s'écoula sans que l'armée de siége s'occupât de compléter l'investissement d'Humayta, et ce délai fut habilement mis à profit par le commandant de la forteresse, qui pouvait se ravitailler à son aise par les chemins du Chaco. Enfin le 30 avril, dans l'après-midi, 1,200 volontaires argentins débarquèrent sur la rive droite du fleuve, au-dessous d'Humayta, dans une anse abritée du canon du fort, et, cherchant péniblement un passage à travers les lagunes, les fondrières, les broussailles entremêlées, marchèrent au nord dans la direction de la route stratégique des Paraguayens. Le lendemain, 2,000 impériaux, prenant terre en amont, se dirigeaient au sud pour atteindre aussi la route et rejoindre les Argentins. Toutefois la marche des deux corps ne devait point se faire sans obstacle. Les Brésiliens, qui avaient la précaution de se retrancher hâtivement à chacune de leurs petites étapes, purent se défendre avec succès contre les attaques réitérées de quelques bataillons paraguayens sortis à la hâte de Timbo; mais les volontaires argentins furent mis honteusement en déroute. Ces troupes se composaient presque en entier de soldats engagés en Europe et n'ayant par conséquent d'autre intérêt dans la guerre que celui de leur paie. Peu soucieux de l'honneur d'un drapeau qui n'est point le leur, ces mercenaires s'empressèrent de fuir, et, jetant leurs havre-sacs, leurs armes, leurs vêtemens, s'élancèrent dans le plus grand désordre vers le bord du fleuve pour retrouver la protection de la flotte. Telle était la démoralisation des fuyards qu'il fallut immédiatement dissoudre le corps et le remplacer par d'autres troupes. La jonction des deux détachemens alliés ne s'opéra que dans la journée du 3 mai : au nombre de 5,000 hommes environ, ils s'établirent solidement en face même de la batterie de Londres, sur une très étroite péninsule du Chaco, entourée de marécages qui servent de fossés de défense. L'occupation de ce point stratégique suffira-t-elle, ainsi que le prétendent les Brésiliens, pour couper entièrement les communications de la forteresse paraguayenne avec le reste du pays, et les canots, les radeaux, descendus de Timbo à l'aide du courant, ne pourront-ils pas apporter des provisions et des nouvelles à la petite garnison d'Humayta? Les fourrés et les marécages qui se prolongent à l'ouest et au nord de la nouvelle position brésilienne sont-ils infranchissables pour les habiles *chasques* ou courriers guaranis? C'est là ce que nous apprendra l'avenir. D'ailleurs les Brésiliens laissent par la lenteur de leurs mouvemens la plus grande prise à l'imprévu. La forteresse devait se rendre immédiatement après le passage de la flotte, et plus de quatre mois se sont écoulés depuis sans qu'elle ait été seulement attaquée. Si le marquis de Caxias réussit enfin à exécuter son plan, qui est, dit-on, de construire un chemin de fer d'investissement sur chacune des rives du Paraguay, alors sans doute il pourra réduire la place par la famine, à moins toutefois qu'une forte crue du fleuve, noyant tous les campemens du Chaco, n'oblige les assiégeans à s'enfuir vers la terre ferme. Récemment, les eaux du Paraguay s'étant élevées à une très grande hauteur, les soldats argentins campés dans les terrains bas, qu'envahissait l'inondation, durent se réfugier en toute hâte sur un *albardon* ou léger renflement du sol occupé par les forces brésiliennes. En même temps les projectiles lancés par la batterie de Londres sur cette foule en désordre y produisaient un effet terrible : chaque boulet faisait sa trouée dans le ramas des fuyards. Jusque dans les villages riverains du Bas-Parana, les habitans furent épouvantés à la vue des longues files de cadavres entraînés par les eaux.

Quand même la place d'Humayta serait prochainement occupée par le marquis de Caxias, il est trop tard maintenant pour que cette victoire soit un coup décisif. Le Paraguay, dont l'accès était libre naguère, est fermé en amont par les fortifications du Tebicuari. L'escadrille des quatre navires qui ont passé le 19 février reste immobile à son ancrage de Tayi, ou se borne à croiser devant Timbo : aucun autre vaisseau n'a pu encore les rejoindre en forçant le passage d'Humayta. Pendant la dernière inondation, un bateau chargé de charbon qui essayait de franchir la chaîne fut obligé de virer de bord pour ne pas être coulé. L'inaction forcée de la flotte est d'autant plus humiliante pour la nation brésilienne que nulle part dans les eaux de l'Amérique du Sud ne se sont trouvés rassemblés sur un seul point un aussi grand nombre de vaisseaux de guerre. Au commencement du mois de mai dernier, le baron de Inhauma avait sous ses ordres trente-six bâtimens à flot sur les courans du Paraguay et du Parana ; dix de ses navires étaient à cuirasse, et portaient chacun quatre, six ou huit de ces monstrueux canons du poids de 10 à 20 tonneaux ; il disposait en tout de cent quatre-vingt-trois bouches à feu, commandait à près de 4,000 matelots, et quatre autre navires récemment construits en Europe étaient en marche pour rejoindre son escadre. Les canons d'Humayta, les bas-fonds du chenal, les embûches du rivage, et surtout le manque de combustible, qu'il a fallu payer jusqu'à 1,750 francs la tonne, dix fois plus cher que ne coûte le fer sur les marchés de l'Europe occidentale, ont transformé tous ces navires brésiliens en embarcations de parade. Au lieu de remonter une seconde fois jusqu'à l'Assomption, le *Bahia* et le *Barroso* se sont avancés seulement à l'embouchure du Tebicuari pour reconnaître les nouvelles lignes de défense des Paraguayens, qui s'étendent le long de l'embouchure sur près de 2 kilomètres d'étendue. Une colonne de 3,000 hommes, qui marchait parallèlement à la flottille dans l'intérieur des terres, sous la conduite du brigadier Menna Barreto, a dû s'arrêter à 8 kilomètres au sud du Tebicuari, sur les bords de la rivière Jacaré ou des Crocodiles. Surprise par l'ennemi, elle a battu précipitamment en retraite après avoir perdu un grand nombre de fantassins et toute sa cavalerie.

Aucun fait ne prouve jusqu'à présent que la république manque de défenseurs, et même dans un discours public le président Lopez, exagérant sans doute, affirmait que 70,000 soldats étaient sur pied dans toute l'étendue du territoire. Cependant le bruit s'était répandu dans le camp brésilien et dans les contrées de la Plata que, presque tous les hommes valides ayant été enlevés par les maladies des camps ou exterminés par le feu de l'ennemi, les femmes paraguayennes entraient à leur tour dans les rangs. On citait les noms et les chiffres, on donnait les détails les plus circonstanciés sur l'organisation des contingens féminins. Quatre mille femmes et jeunes filles auraient été chargées de la défense du Tebicuari sous les ordres du brigadier-général l'Anglaise Eliza Lynch, d'autres auraient été cantonnées à Villa-Rica, à Cerro-Leon, dans les forts de l'Assomption. Ces récits étaient au moins prématurés. Si les Brésiliens s'avancent jusque dans le cœur du Paraguay, c'est avec des hommes qu'ils auront surtout à se mesurer au passage de chaque rivière, à la prise de chaque fort et de chaque village; mais le farouche patriotisme des Paraguayennes explique suffisamment comment cette rumeur a pris naissance. Déjà l'année dernière une députation de dames réclamait du maréchal Lopez l'honneur de prendre part à la défense d'Humayta, et depuis, en mainte rencontre, les femmes surprises dans les villages épars entre le Parana et le Tebicuari se sont défendues avec le même acharnement que les hommes. D'après les correspondances du journal anglais le *Standard and Plate News*, les Brésiliens vaincus au bord du Jacaré auraient même reconnu parmi leurs adversaires tout un régiment de femmes. Récemment, après l'un de ces combats meurtriers qui se sont livrés dans le Chaco, on ramassa deux cadavres, celui d'un jeune homme et celui d'une vieille femme, probablement sa mère, qui d'une main tenaient chacun leur fusil, et de l'autre se donnaient jusque dans la mort une dernière caresse. Ce sont là des tableaux de nature à faire reculer les plus cruels et à dégoûter singulièrement les Argentins de leur alliance avec l'empire. Les femmes du Paraguay sont, à n'en pas douter, aussi décidées à la lutte que leurs maris et leurs fils : ce n'est point une armée, c'est une nation tout entière que les envahisseurs ont à combattre. Aussi peut-on être assuré d'avance que les impériaux ne sortiront pas de la lutte en vainqueurs, à moins qu'ils ne soient assez nombreux et assez résolus pour exterminer ce peuple, qu'ils sont venus, disent-ils, « délivrer de la tyrannie. »

Et pendant combien de mois ou d'années les autres nations toléreront-elles encore ces massacres? Il eût été digne de la part des républiques andines de donner suite à l'énergique protestation qu'avait rédigée en leur nom commun le ministre du Pérou M. Pacheco, enlevé récemment par la fièvre jaune; mais, après avoir lancé leur réclamation solennelle, elles sont retombées dans le silence, comme si le sort du Paraguay, qui défend pourtant leur propre cause, leur était devenu indifférent. L'Angleterre, à qui les intérêts de ses nationaux non moins que les devoirs de l'humanité commanderaient une démarche de médiation, ne s'est pas encore interposée entre les belligérans, ainsi que ne cesse de le lui conseiller le *Times*, organe du haut commerce britannique; d'ailleurs, il faut le dire, l'attitude de M. Gould, ministre de la Grande-Bretagne à la Plata, ne présente pas de garanties suffisantes d'impartialité, et le maréchal Lopez refuserait certainement d'entrer en pourparlers avec un diplomate qui dans ses dépêches officielles le qualifie de « despote » et de « barbare. » Quant à la France, la conduite qu'elle a suivie à l'égard de la république mexicaine ne peut en faire un arbitre dans la lutte qui se poursuit sur les bords des fleuves platéens. C'est à la république des États-Unis que reviendra probablement l'honneur de contribuer par son attitude à mettre un terme à cette guerre. Déjà par deux fois M. Seward, qui d'ordinaire n'est pas très cordial à l'égard des états de l'Amérique du Sud, a sans succès offert ses bons offices pour amener la paix entre le Paraguay et le Brésil. Un fait récent pourrait bien le décider à intervenir d'une manière plus décisive. M. Washburn, ministre des États-Unis à l'Assomption, ayant désiré sortir du Paraguay, un petit bateau à vapeur fédéral, le *Wasp*, remonta le fleuve pour se mettre à sa disposition; mais le marquis de Caxias ne permit pas au navire américain de dépasser Curupaity : le *Wasp* dut rebrousser chemin vers Montevideo, et par cela même M. Washburn se trouva retenu de force au Paraguay. La colère de ses compatriotes établis à la Plata et au Brésil est grande contre le marquis, et l'on disait, à tort sans doute, que M. Watson Webb, ministre des États-Unis à la cour de Rio-de-Janeiro, avait demandé péremptoirement la destitution du coupable. Quoi qu'il en soit, la république américaine est assez forte pour faire cesser la guerre; il suffit pour cela qu'elle le veuille et le dise.

L'intervention décisive des États-Unis serait plus heureuse encore pour les envahisseurs que pour les habitans du Paraguay, car elle les débarrasserait d'une guerre criminelle où le triomphe même serait honteux. D'ailleurs le Brésil est bien près d'être épuisé, et la situation des alliés qu'il s'est acquis de gré ou de force sur les deux rives de l'estuaire de la Plata n'est guère plus brillante. À Montevideo, où les Brésiliens sont venus il y a quatre ans « rétablir l'ordre » à main armée, le désarroi est à son comble ; toutes les banques sont en liquidation, le taux de l'intérêt s'est élevé à plus de 20 pour 100, et, chose inouie dans ce paradis des travailleurs, plus de cinq mille ouvriers sans ressources sont obligés de se disperser pour chercher de l'ouvrage dans les villes de l'intérieur. Au Brésil, la crise n'a pas ce caractère de violence soudaine, mais elle est d'autant plus redoutable, parce qu'elle a son origine dans une situation permanente que la guerre ne cessera d'aggraver. Tandis que Montevideo et Buenos-Ayres prennent seulement une part nominale à la lutte, c'est l'empire qui doit en payer tous les frais et l'alimenter de chair à canon.

Le discours prononcé par dom Pedro lors de l'ouverture des chambres brésiliennes est naturellement des plus vagues, comme le sont presque toujours les longues phrases de l'optimisme officiel; cependant quelques paroles plaintives se mêlent à cette rhétorique pompeuse. Le rapport du ministre des finances est le complément indispensable du discours impérial, et les chiffres qui s'y trouvent disent assez quel degré de foi il s'agit de prêter aux expressions de complaisance) tombées du trône. Il va sans dire que pour le budget de l'année 1870 le ministre prévoit une excédant de recettes certain; en revanche, l'exercice qui vient de se terminer se solde par un effrayant déficit, et l'année courante ne commence pas sous de meilleurs auspices. Les recettes du trésor pendant l'année fiscale 1867-68 ont été, sans compter les recettes fictives fournies par la création du papier-monnaie, de 174 millions de francs seulement, tandis que les dépenses ont atteint la formidable somme de 494 millions, c'est-à-dire que dans une seule année l'empire a jeté dans le gouffre de la guerre près de trois fois son revenu. L'ensemble de la dette brésilienne s'élevait au 31 mars de cette année au total de 1 milliard 09 millions, et depuis cette époque le déficit augmente en moyenne de 30 à 50 millions par mois. C'est là ce que l'honorable M. Zaccarias appelle avoir à « lutter encore contre quelques difficultés. » Quant au redoutable problème de l'esclavage, qui mériterait d'être aussi considéré comme une « difficulté, » la solution en a été indéfiniment reculée. Le commerce extérieur diminue notablement à cause des impôts de guerre qui pèsent sur les échanges et la navigation. Les journaux tiennent un langage presque révolutionnaire, les chambres deviennent hostiles, et même le sénat a répondu au discours du trône par un vote de défiance à l'égard du ministère. Des accens presque républicains ont retenti dans la chambre des députés. « Le Brésil, s'écriait M. Felicio de Santos, semble un territoire détaché de la vieille Europe par un cataclysme et relié comme un corps étranger à la jeune Amérique. Notre attitude n'est que servilité envers les nations monarchiques et décrépites de l'ancien monde, qu'arrogance et mépris envers les états libres du nouveau. Pour flatter l'Angleterre, nous nous sommes hâtés de reconnaître aux états esclavagistes du sud le titre de belligérans; pour courtiser la France, nous avons salué l'avénement de l'empereur du Mexique; pour nous faire bien venir de l'Espagne, nous avons donné pendant huit mois asile à sa flotte de guerre, et nous n'avons point protesté contre le bombardement de Valparaiso. Si nous continuons dans cette politique anti-américaine, la guerre du Paraguay ne sera point un fait isolé dans l'histoire; elle ne sera que le prologue de la grande conflagaration américaine. » Et M. Christiano Ottoni ajoute : « Il est impossible que le Brésil puisse exister, si la lutte continue... Le Paraguay est notre Mexique, et l'empire même y périra, si nous nous acharnons à cette tentative impossible. De même que l'armée française a dû quitter Mexico sur l'injonction des États-Unis, de même il nous faut sortir à tout prix du Paraguay, car nous y sommes sans droit et sans espérance. » Plaise aux peuples du Brésil d'écouter à temps ces paroles d'avertissement prophétique!

ÉLISÉE RECLUS.